AF225395

Coloreame una magdalena
Libros para colorear para niños

Coloring Pages for Kids

Coloring Pages for Kids
An imprint of Ciparum LLC

Coloreame una Magdalena Libros para colorear para niños
© 2017 Ciparum LLC
All rights reserved.
ISBN-10:1-63589-326-7
ISBN-13:978-1-63589-326-7

Coloring Pages for Kids

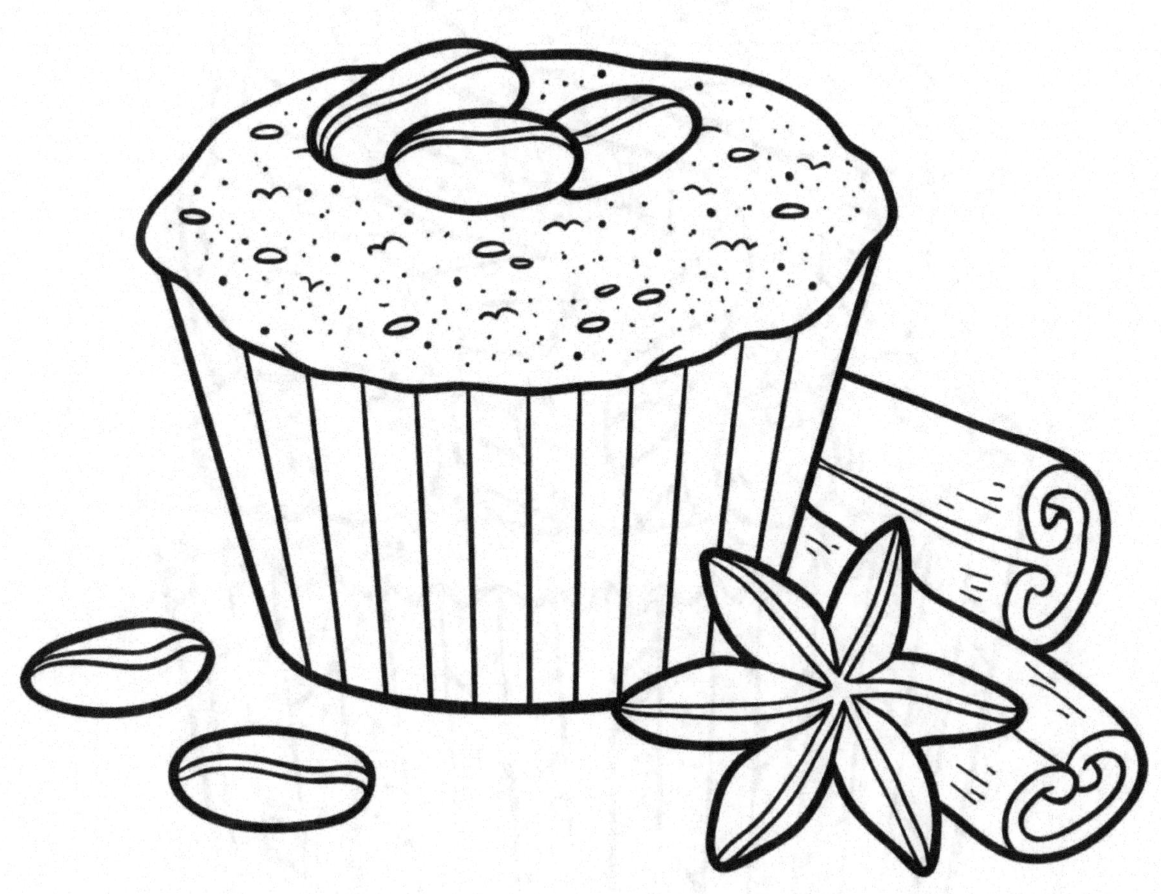

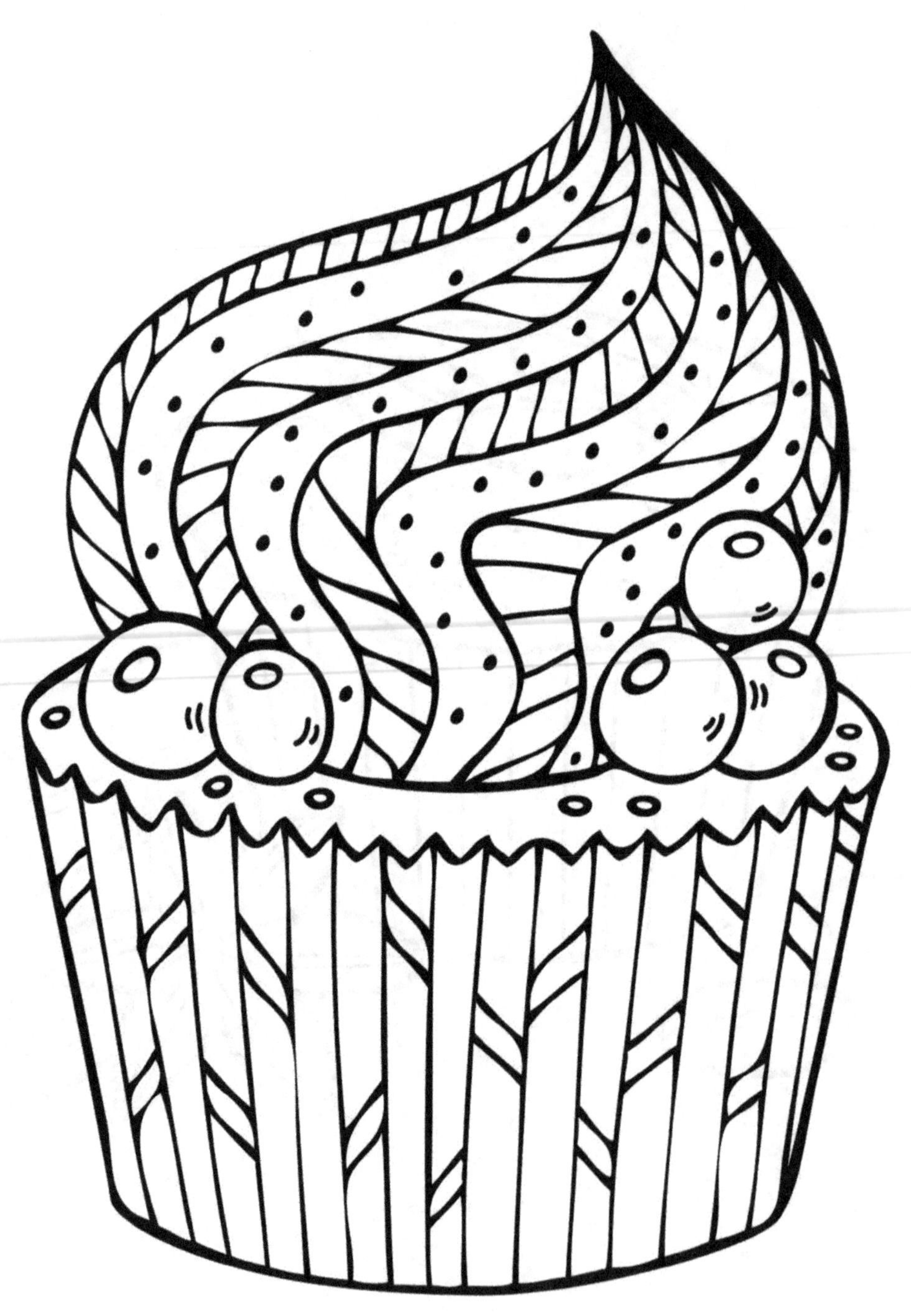

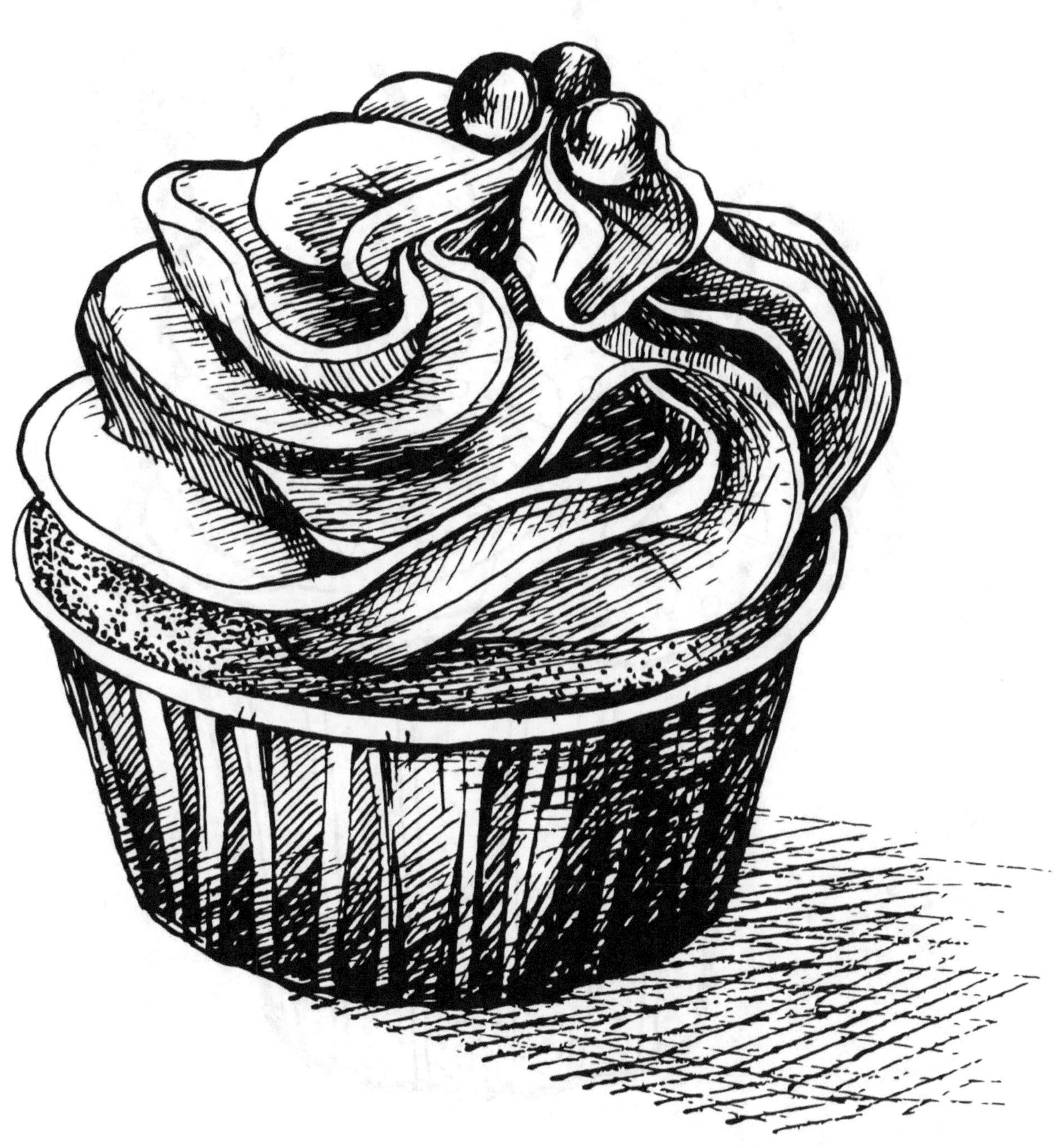

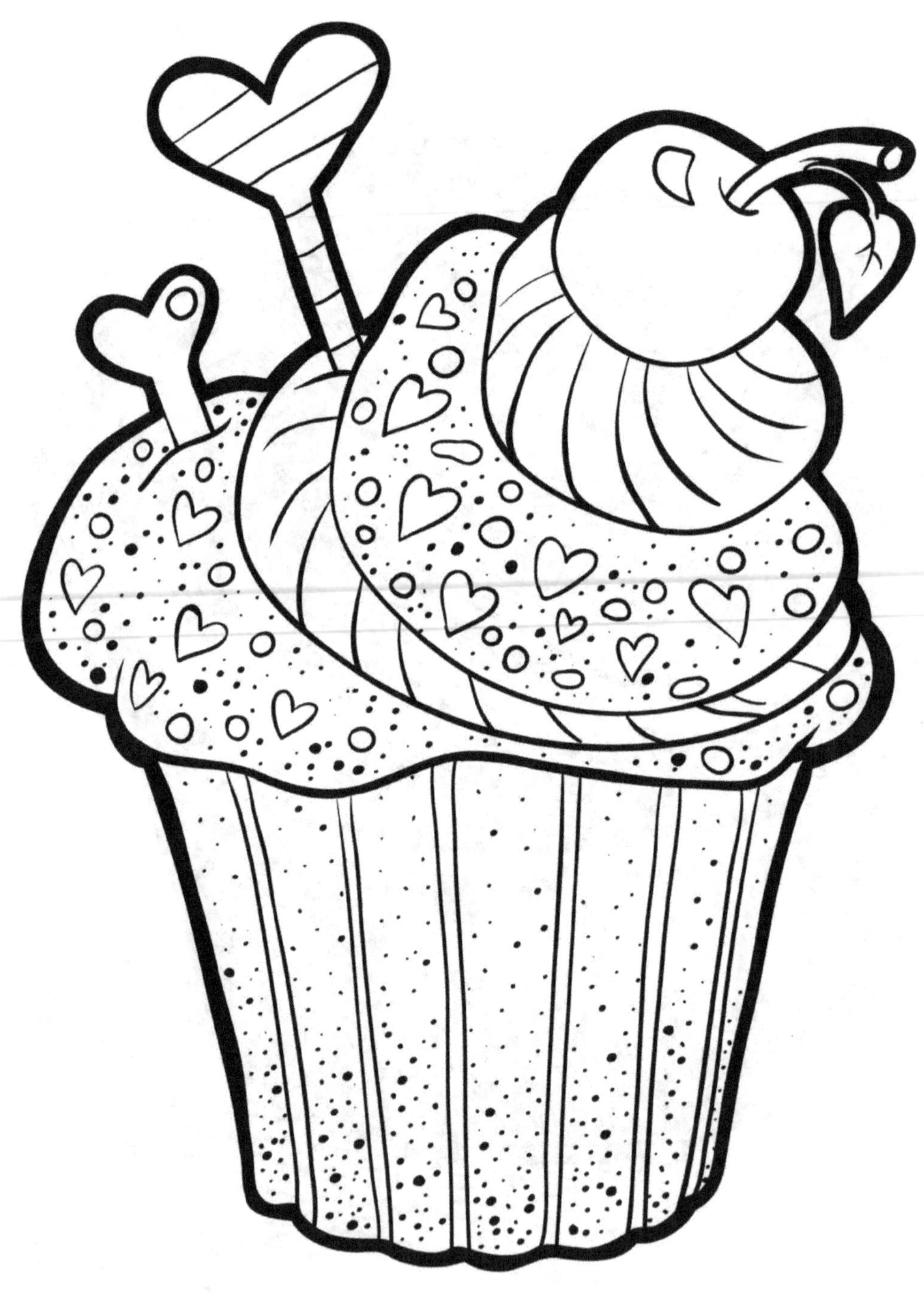

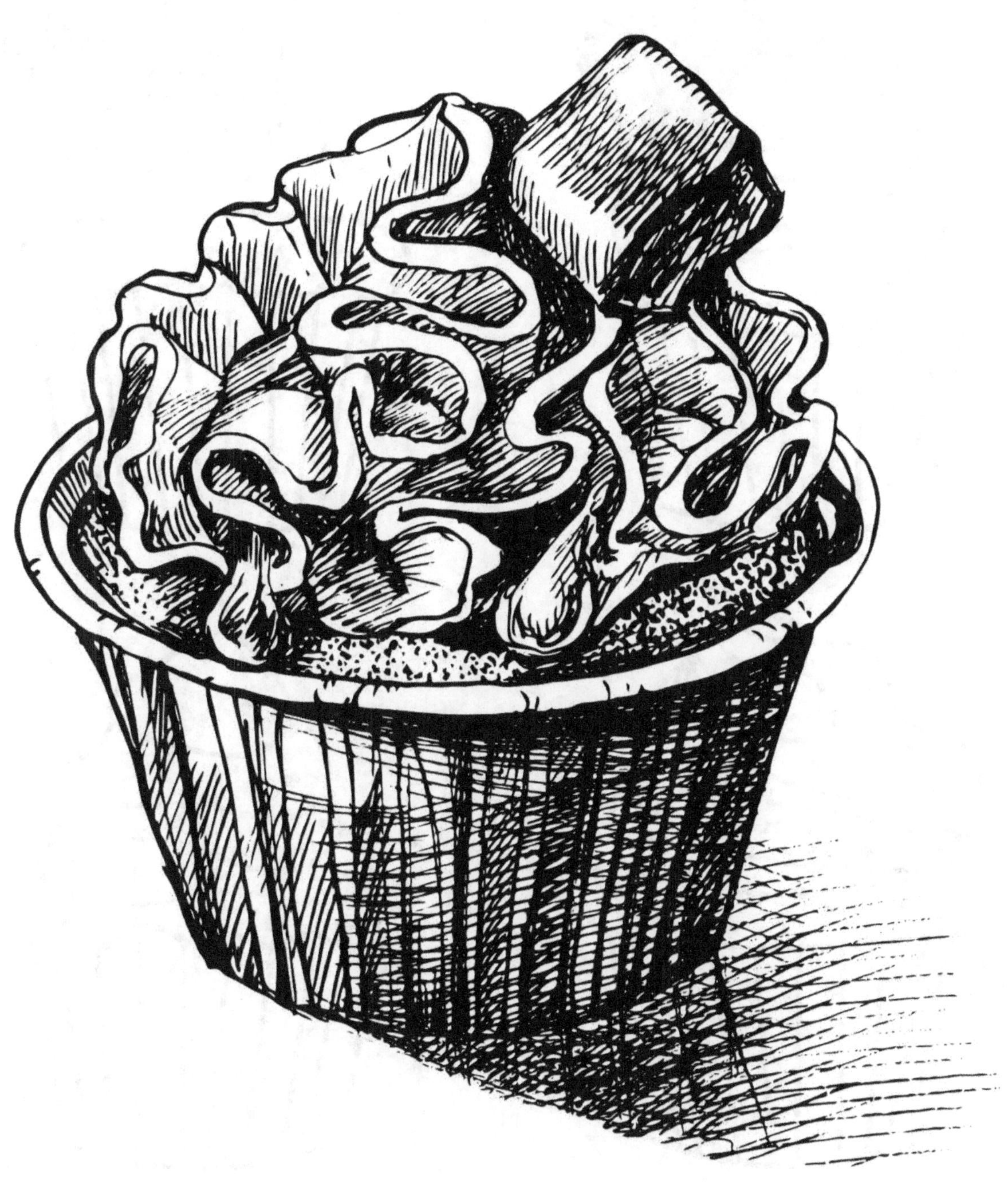

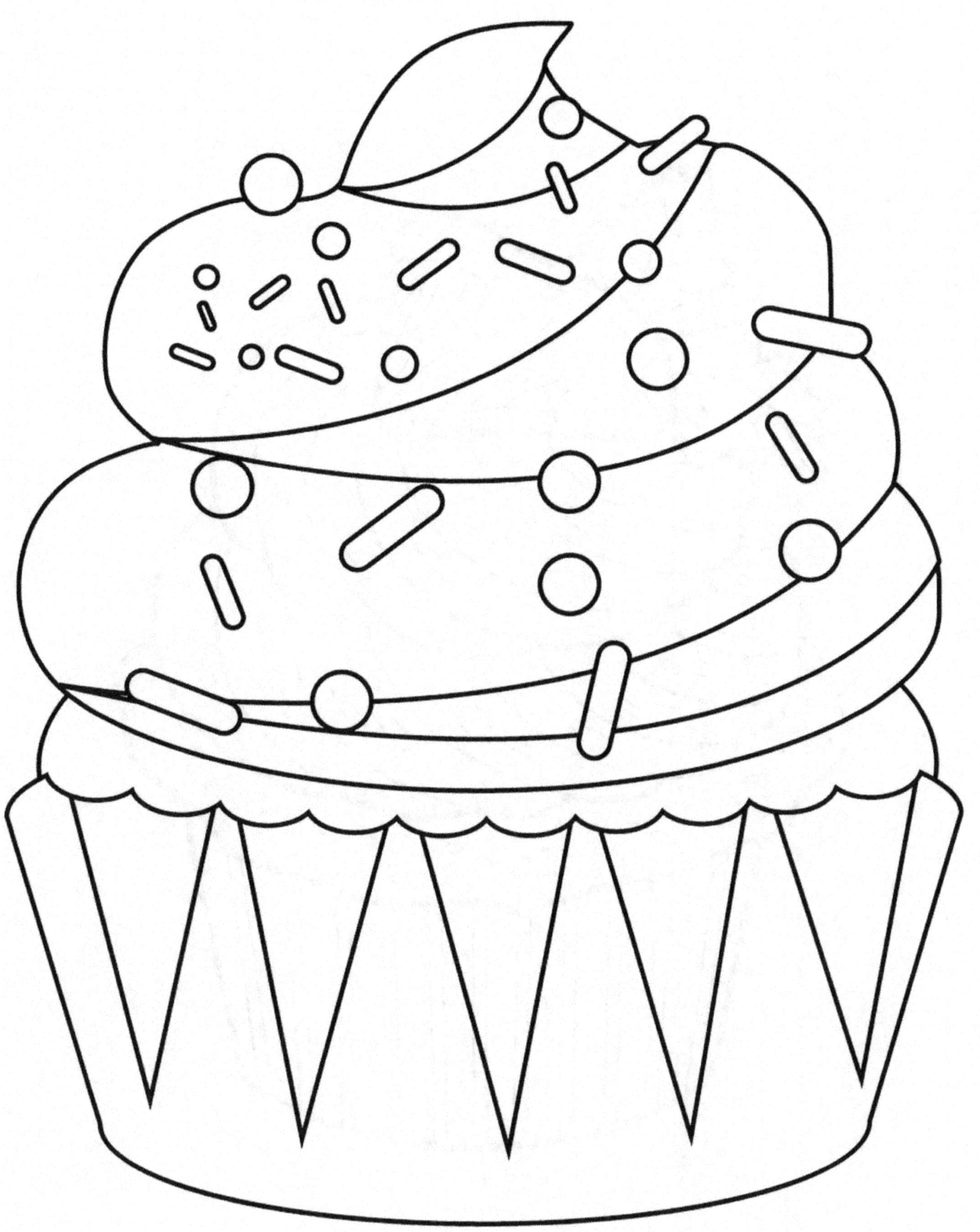

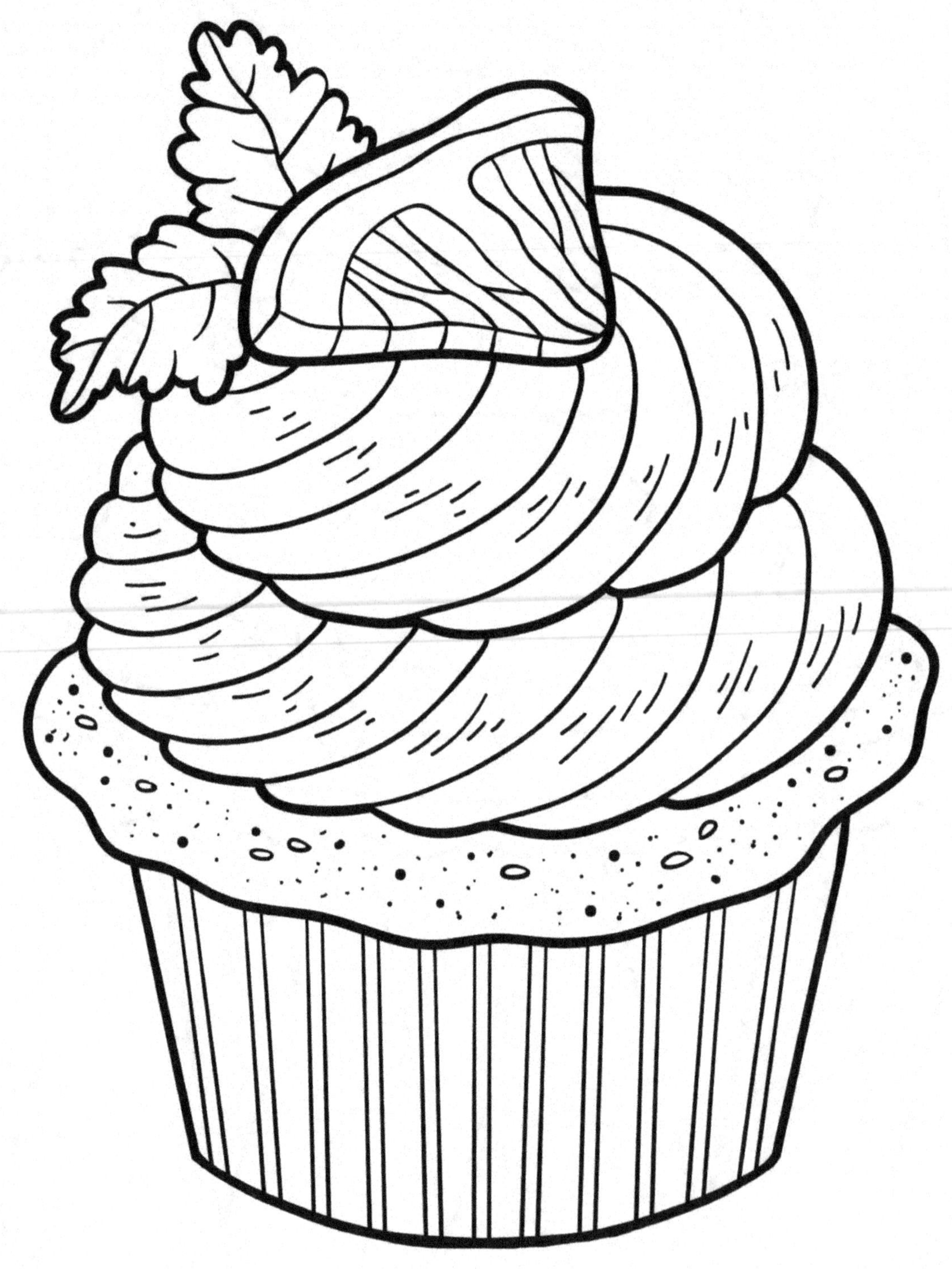

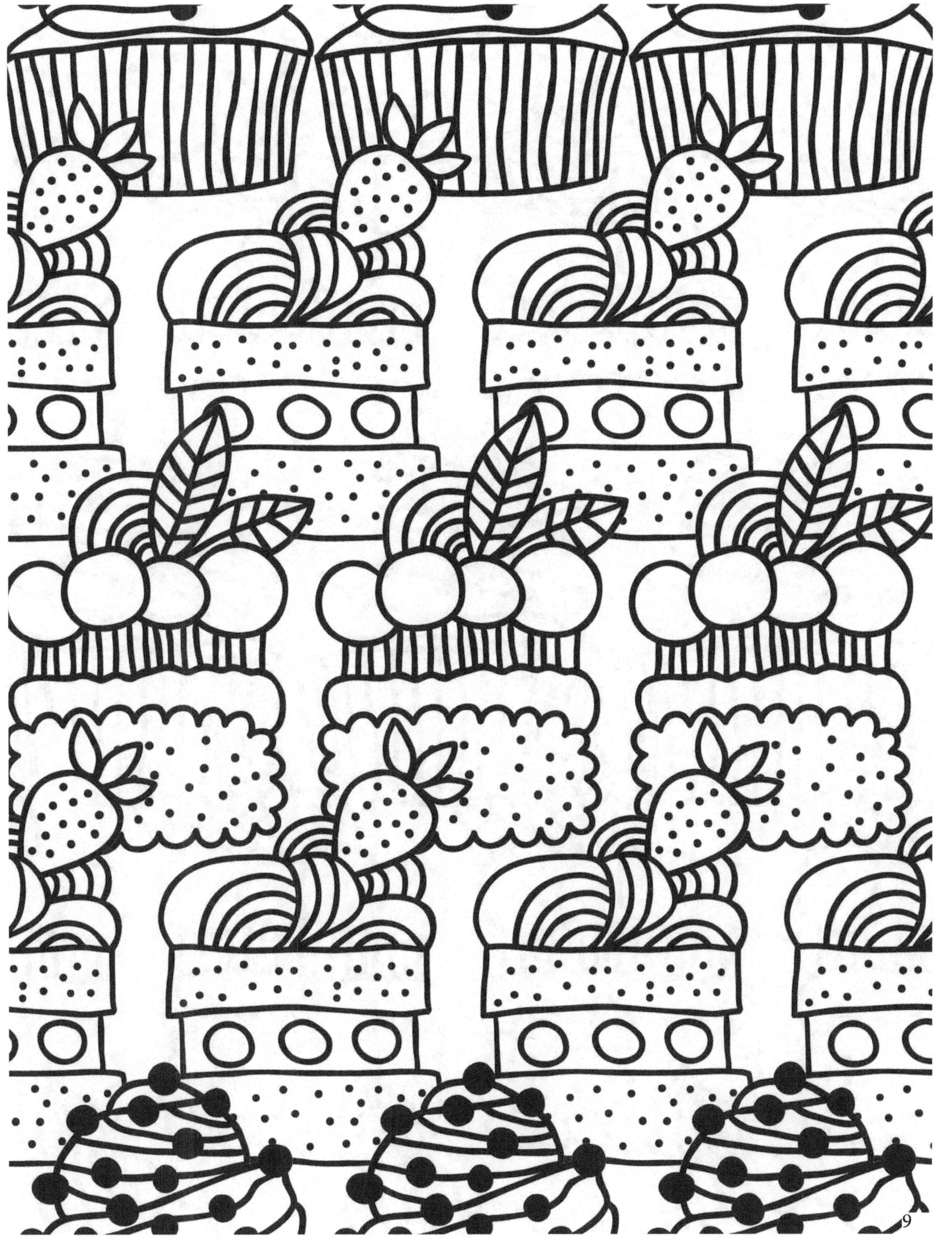

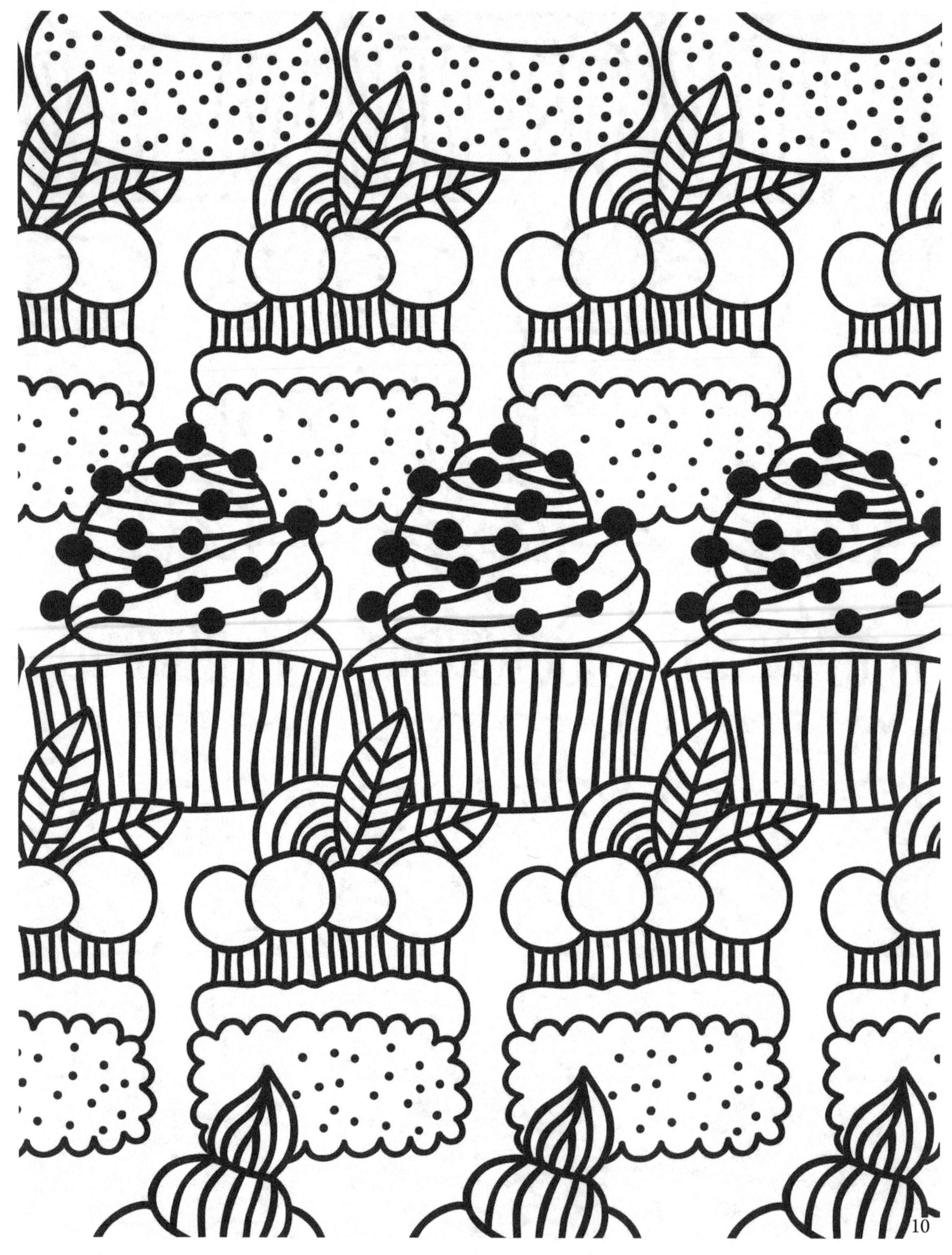

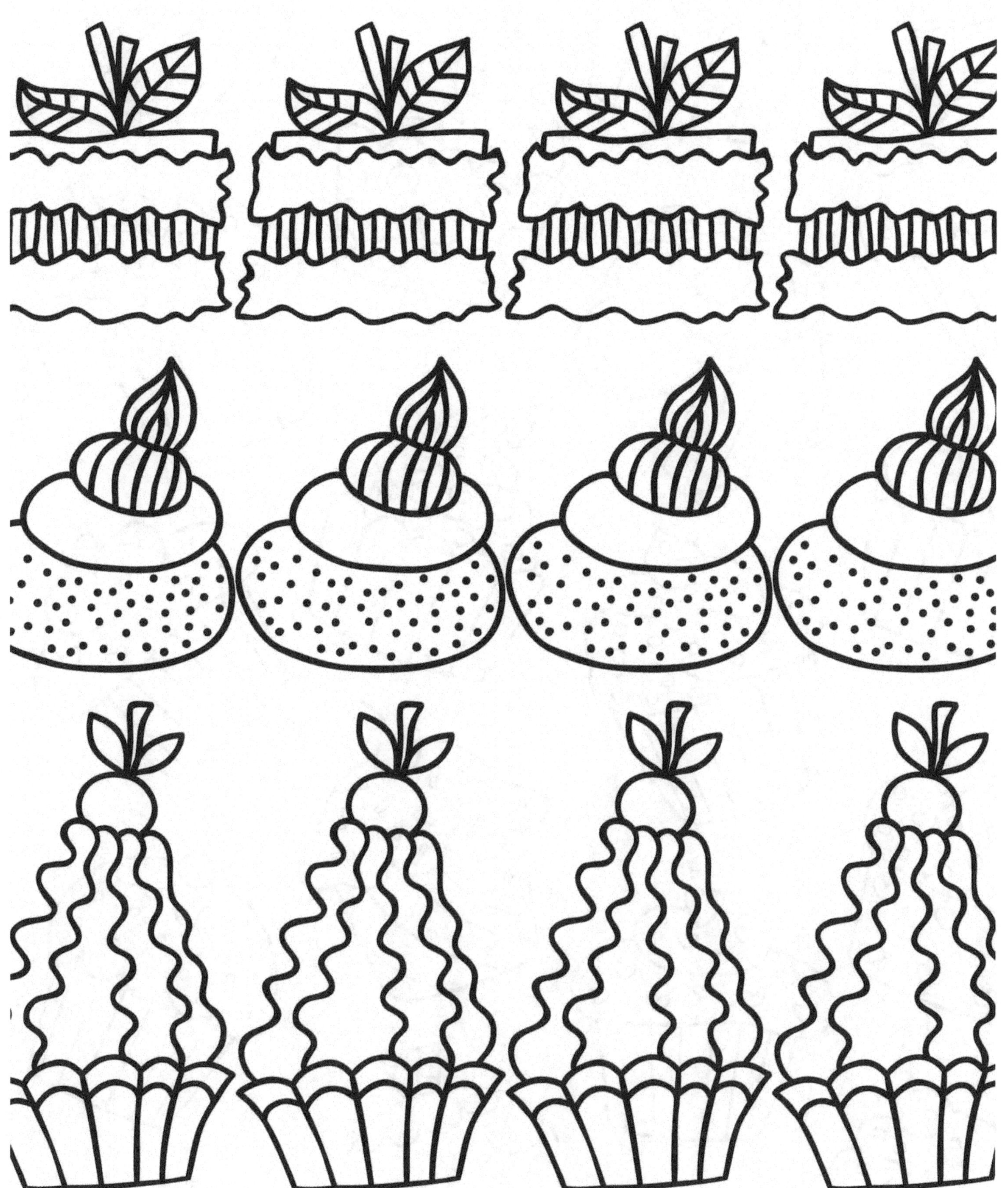

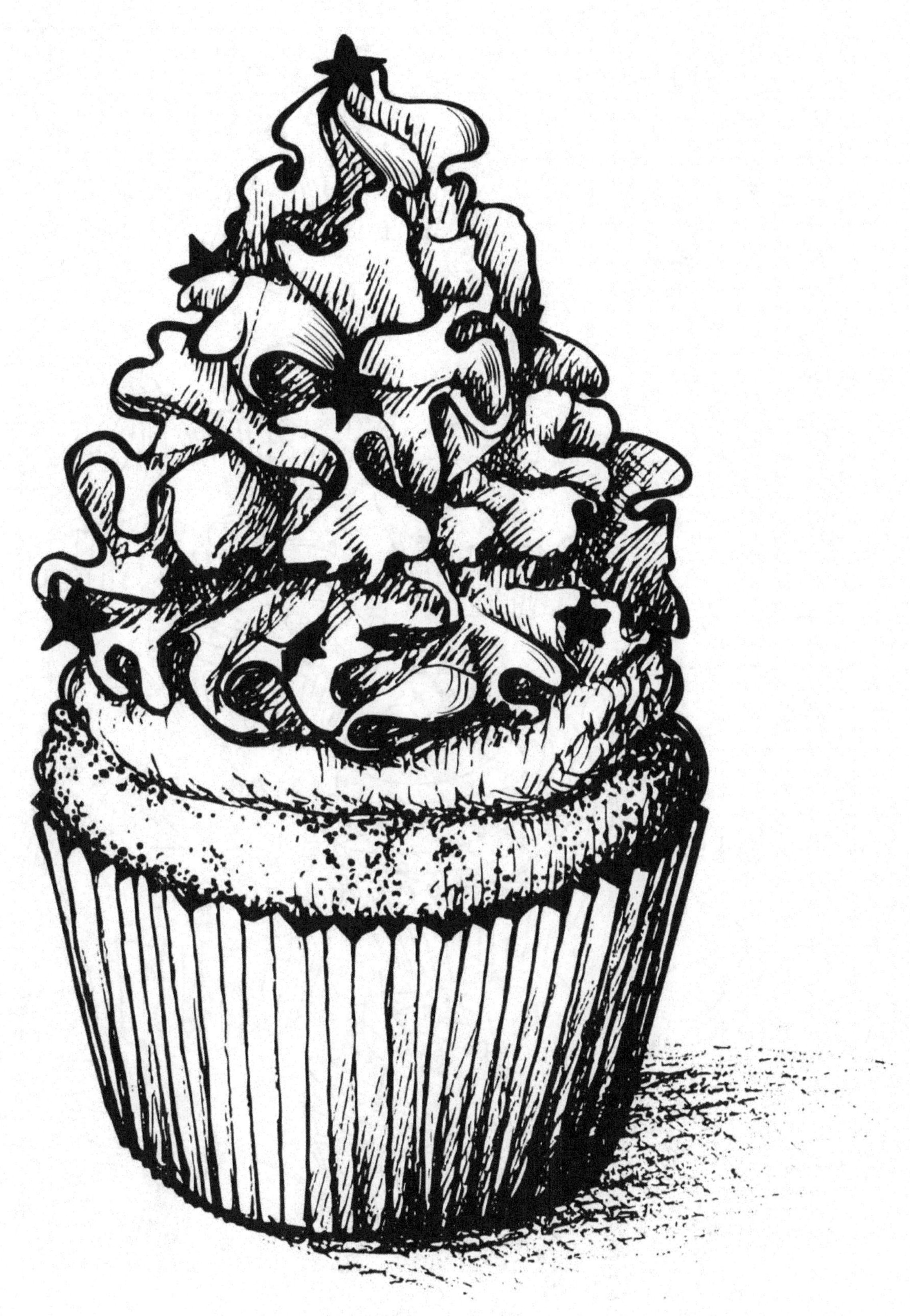

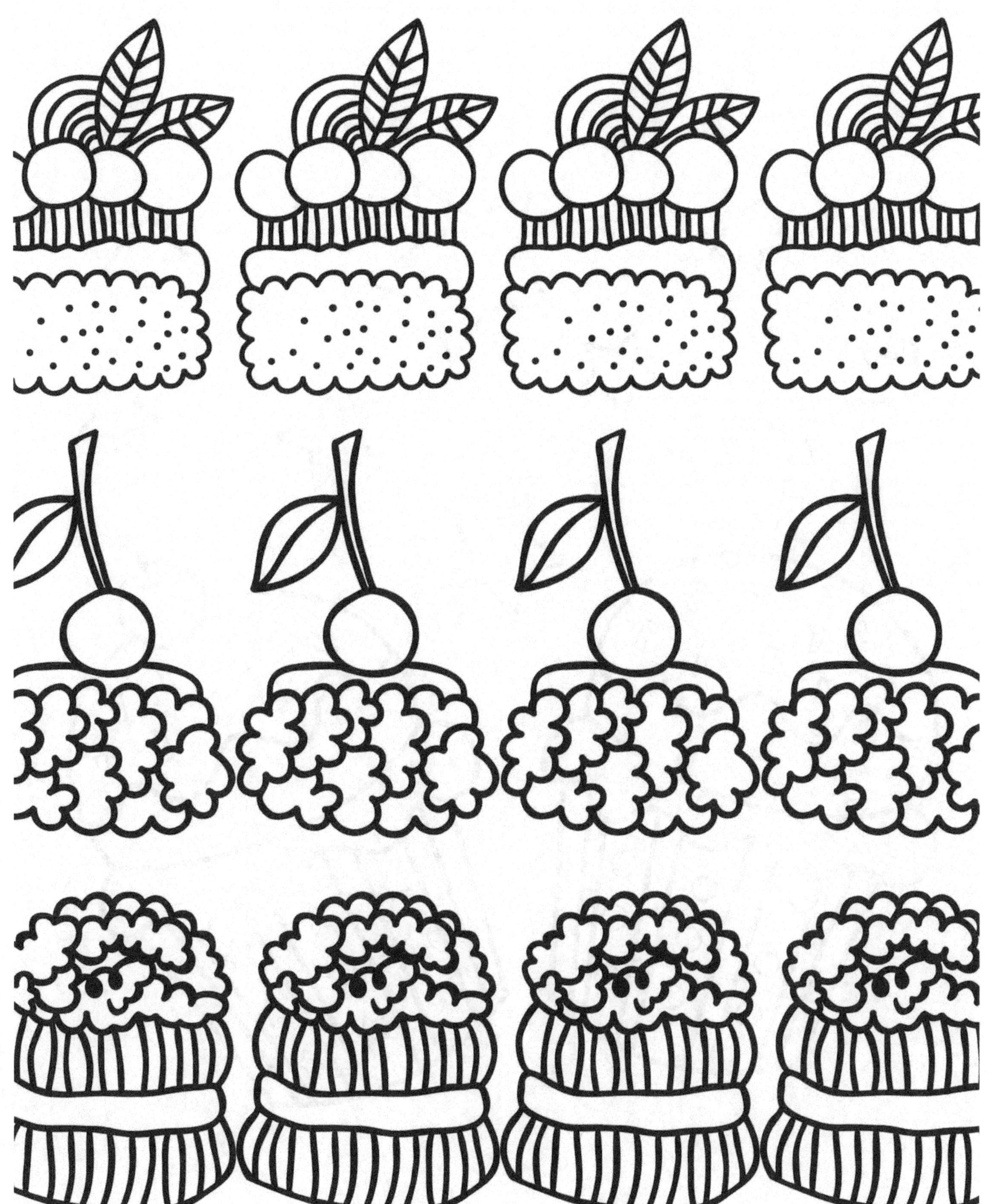

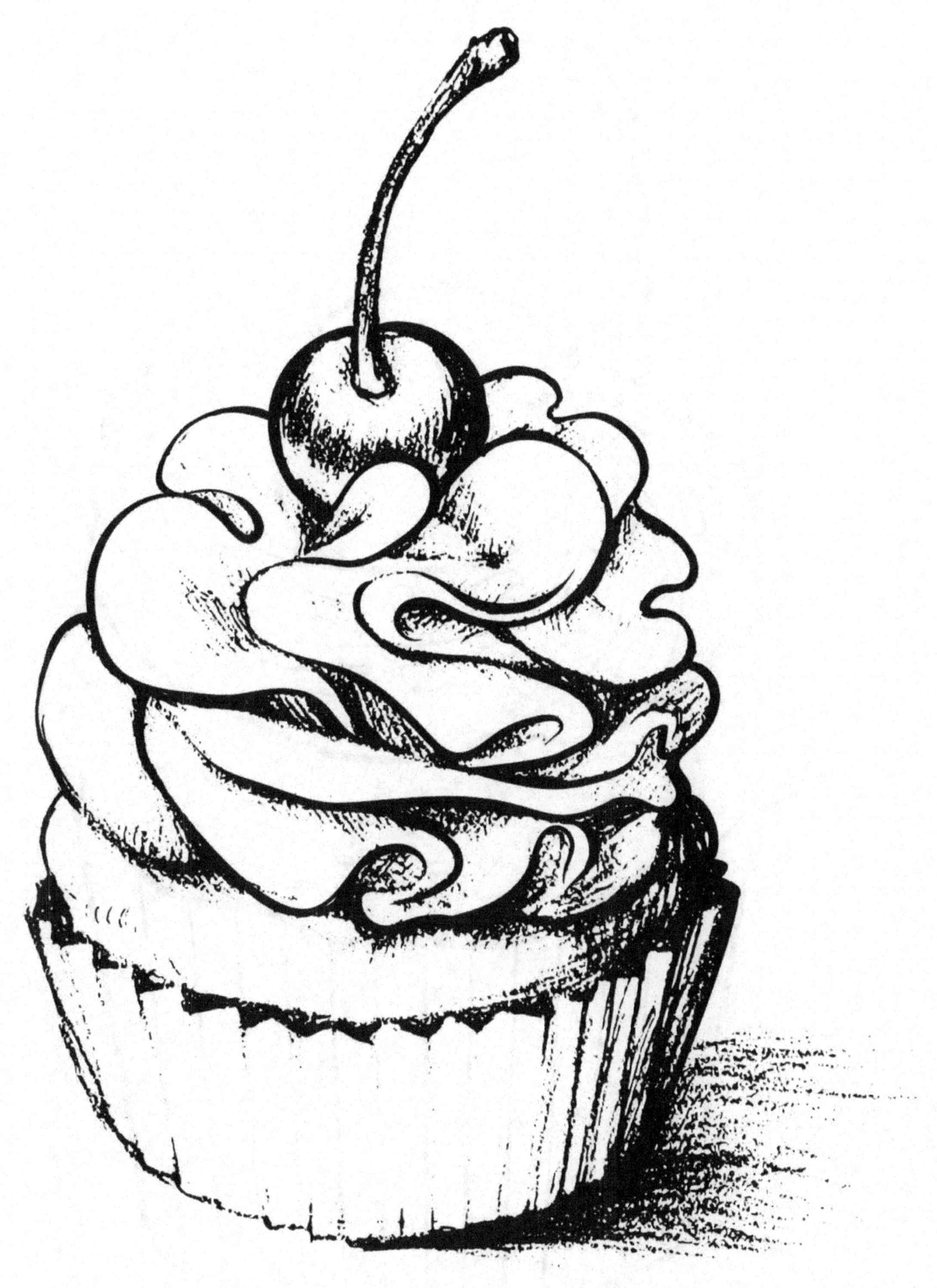

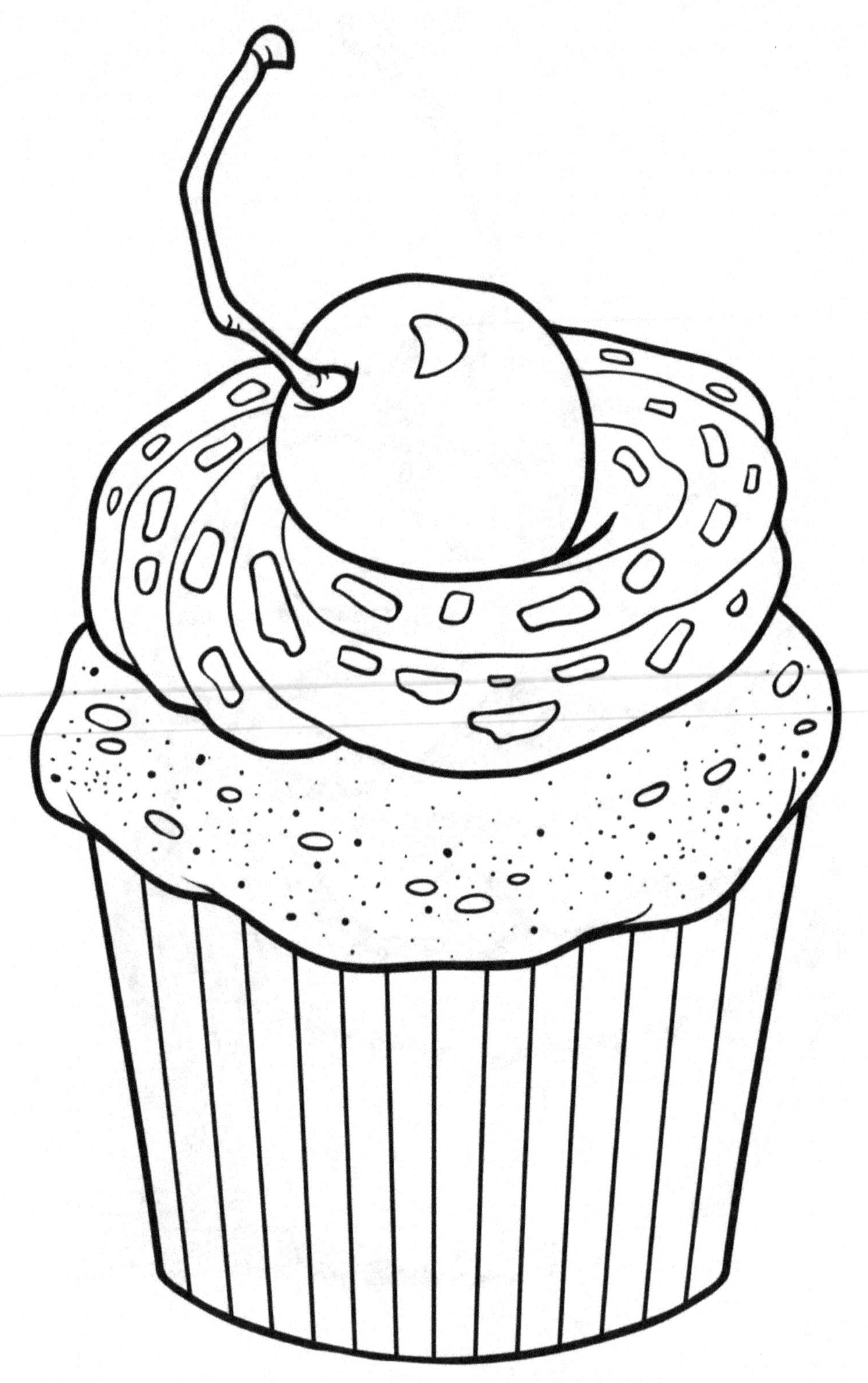

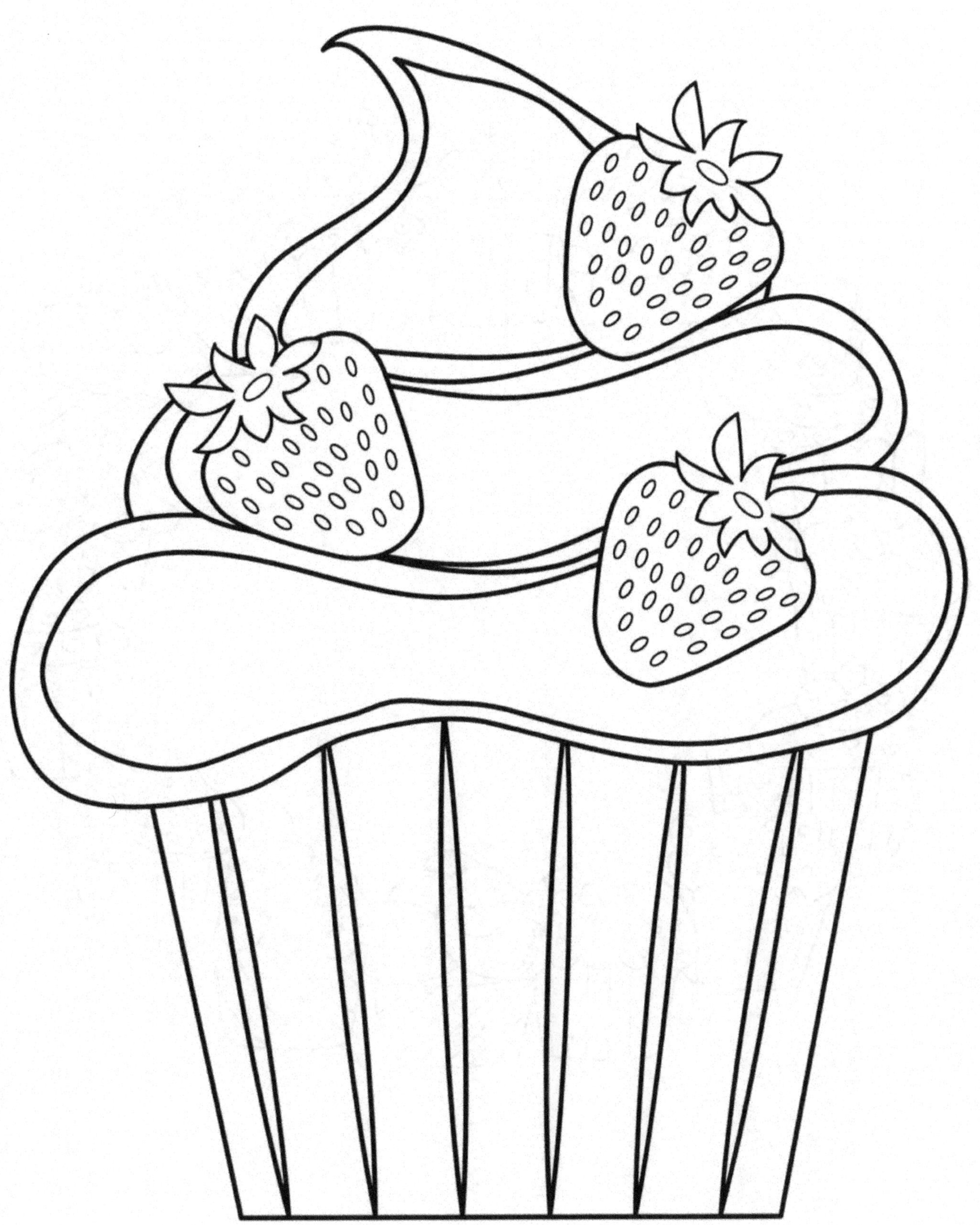

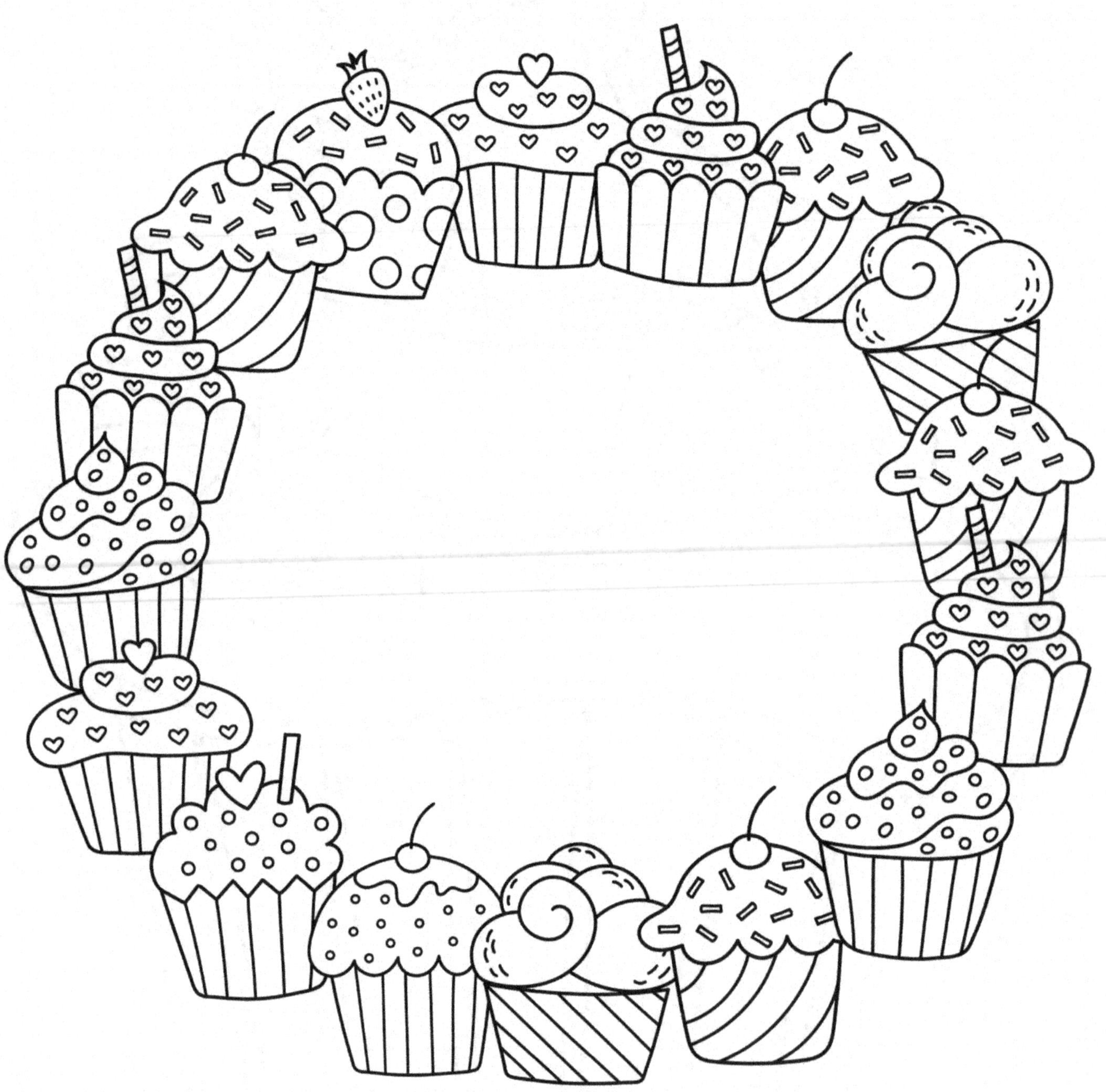

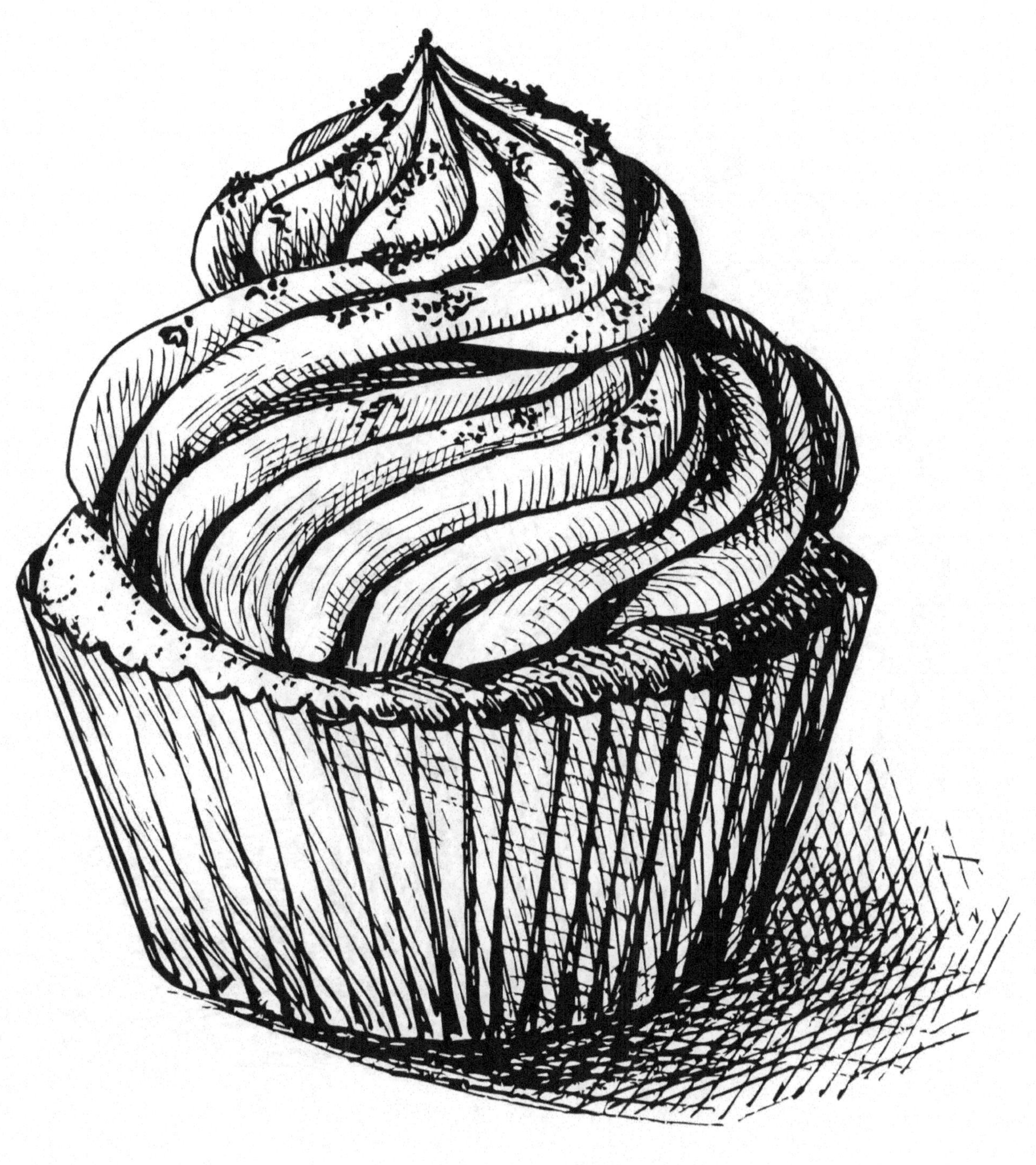

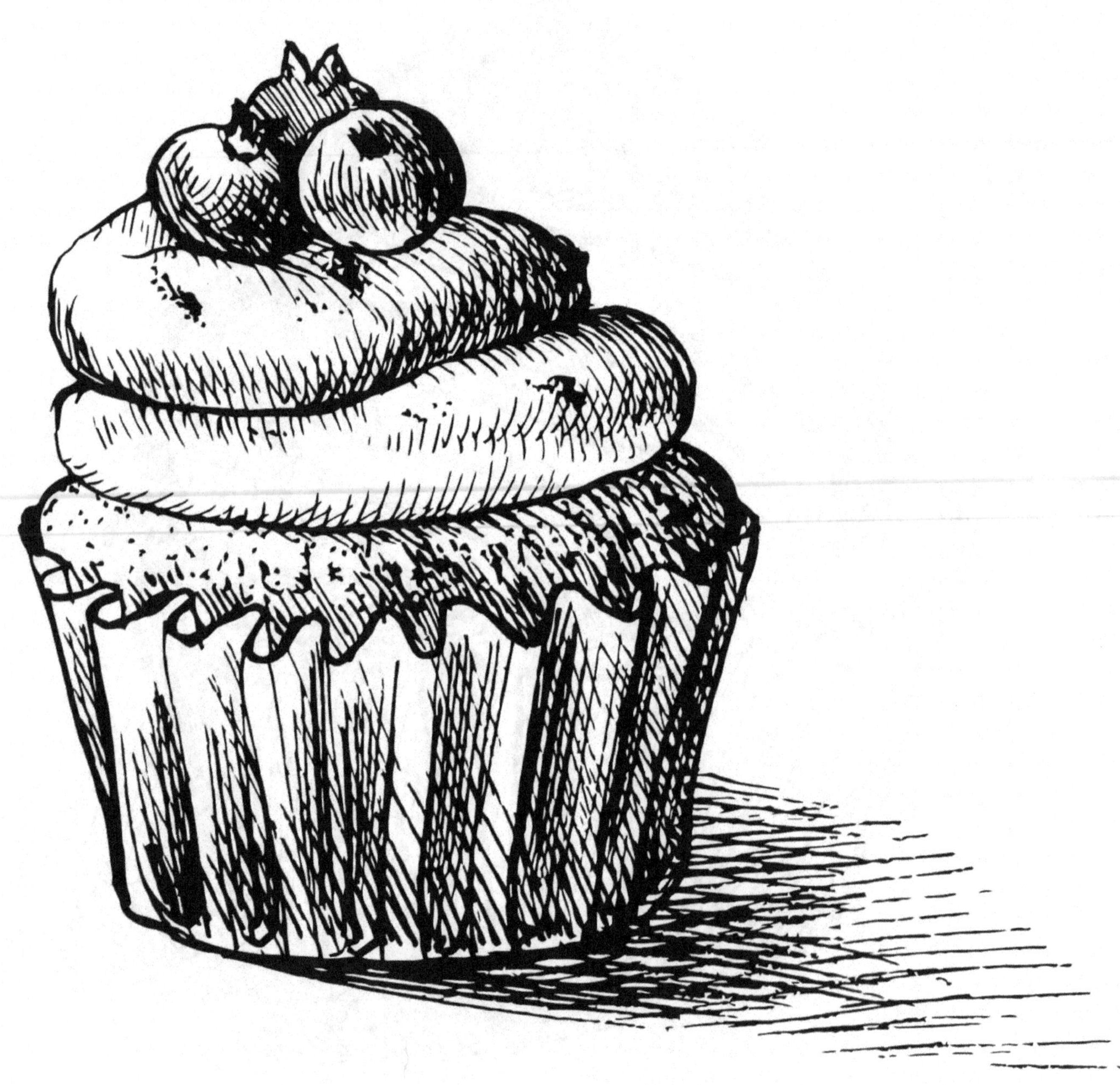

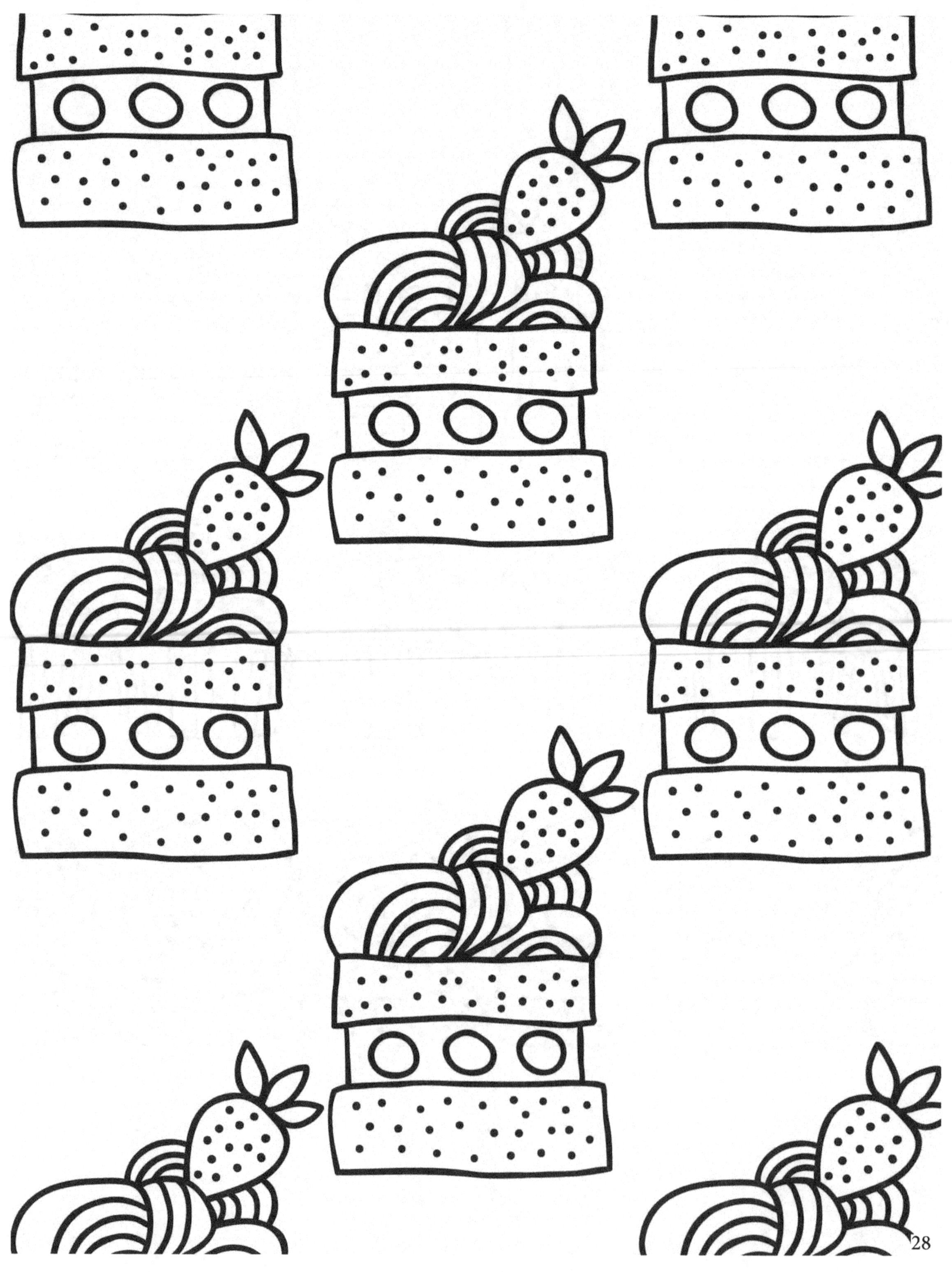